Lustiges Lese-Übungsbuch

für die 2. Klasse

Luise Holthausen

mit Bildern von Dirk Hennig und Christine Goppel

FISCHER SAUERLÄNDER

Hallo, liebe Leserin! Hallo, lieber Leser!

Lesen macht Spaß – besonders dann, wenn du mühelos vorankommst und alles verstehst, was du liest.
Ob du ein sicherer Leser bist, kannst du mit diesem Übungsbuch feststellen. Und wenn dir das Lesen noch etwas schwerfällt, dann helfen dir die vielen lustigen Leserätsel dabei, immer besser zu werden.

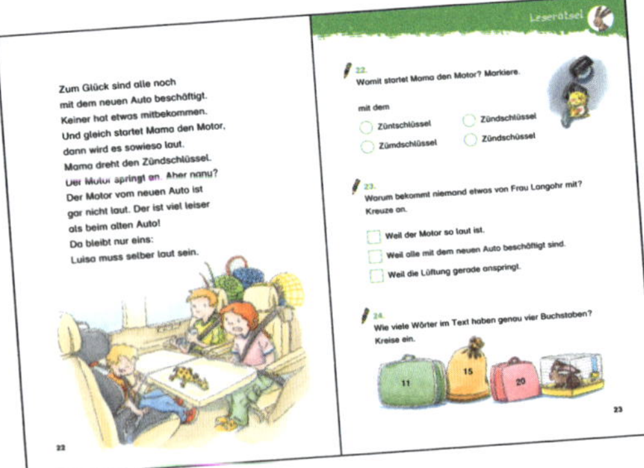

Zum Glück sind alle noch
mit dem neuen Auto beschäftigt.
Keiner hat etwas mitbekommen.
Und gleich startet Mama den Motor,
dann wird es sowieso laut.
Mama dreht den Zündschlüssel.
Der Motor springt an. Aber nanu?
Der Motor vom neuen Auto ist
gar nicht laut. Der ist viel leiser
als beim alten Auto!
Da bleibt nur eins:
Luisa muss selber laut sein.

22

Leserätsel

22.
Womit startet Mama den Motor? Markiere.

mit dem
- Züntschlüssel
- Zümdschlüssel
- Zündschlüssel
- Zündschüssel

23.
Warum bekommt niemand etwas von Frau Langohr mit?
Kreuze an.

- [ ] Weil der Motor so laut ist.
- [ ] Weil alle mit dem neuen Auto beschäftigt sind.
- [ ] Weil die Lüftung gerade anspringt.

24.
Wie viele Wörter im Text haben genau vier Buchstaben?
Kreise ein.

11 15 20

23

In diesem Buch werden – auf den linken Seiten – zwei spannende Geschichten erzählt.
Auf jeder rechten Seite findest du mehrere Leserätsel, die du knacken kannst, wenn du den Text links genau gelesen hast.

Manche Rätsel löst du durch Ankreuzen oder Einkreisen, andere durch Ergänzen, Durchstreichen, Verbinden oder Anmalen. Nebenstehend findest du ein paar Beispiele.

Im Lösungsteil zu jeder Geschichte kannst du deine Lösungen überprüfen. Für jedes geknackte Rätsel bekommst du dort ein Geheimschriftsymbol. Auf der Lese-Rallye-Seite auf jeder Umschlaginnenseite entschlüsselst du so nach und nach einen Lösungssatz.

Und nun viel Spaß beim Lesen und Knobeln!

Lies genau!

Wer macht was?

Verbinde jeden Namen mit der richtigen Tätigkeit.

Luisa	knurrt.
Papa	quengelt los.
Daniel	packt Gummibärchen aus.

Richtig oder falsch?

Was stimmt? Kreuze an.

Im Flur stapeln sich

- [ ] Koffer, Taschen und Säcke.
- [ ] Koffer, Kisten und Taschen.

Was gehört zusammen?

Setze die Wörter richtig zusammen. Schreibe auf.

Rast | pause | Mittags | platz

__________________ __________________

Was bedeutet das Wort?

Wodurch kann man „mault“ ersetzen? Kreise ein.

murrt | mosert | brüllt | nörgelt | meckert

Inhalt

Ein blinder Passagier

Luisas Familie packt für den Urlaub.
Sie wollen an die Nordsee fahren.
Im Flur stapeln sich Koffer, Taschen,
Kisten und tausend andere Sachen.
Aber sie sind ja auch viele:
Papa und Mama,
Luisas großer Bruder Daniel,
ihr kleiner Bruder Tizian,
Luisa selbst – und natürlich
ihre Hasendame, Frau Langohr.

1.

Wer gehört zur Familie?
Trage ein.

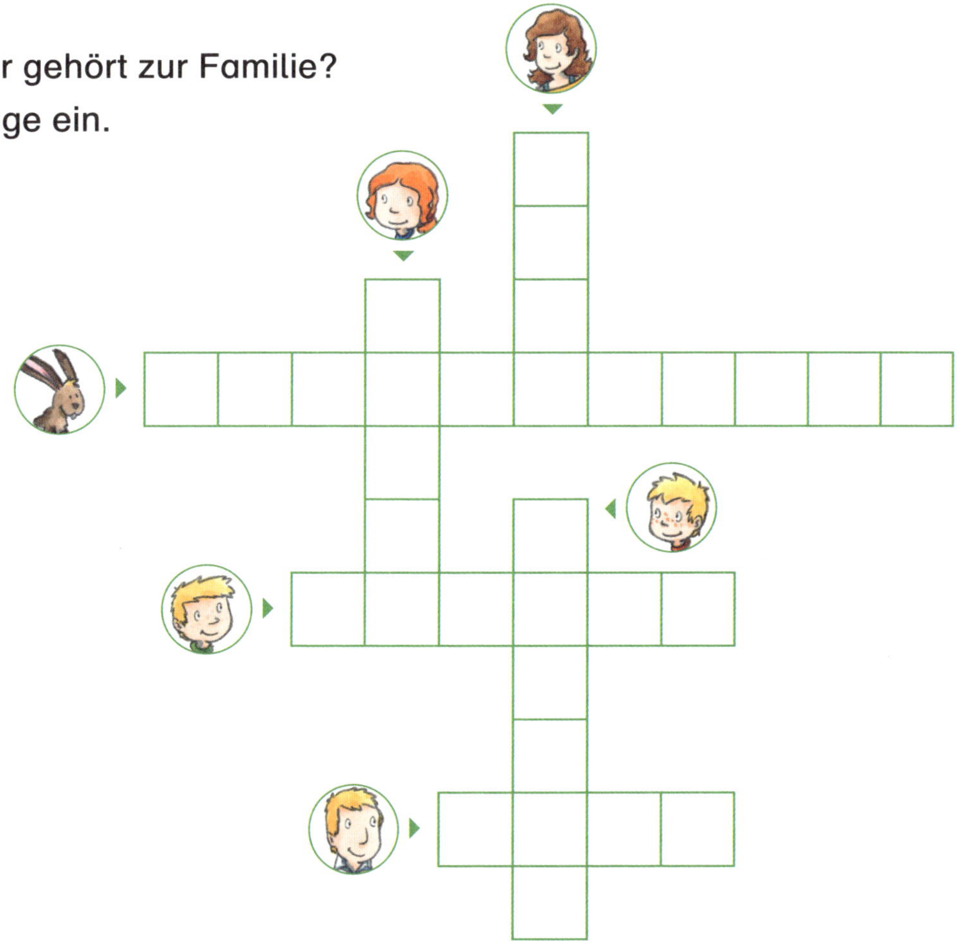

2.

Was stimmt? Kreuze an.

Im Flur stapeln sich

- [ ] Koffer, Taschen und Säcke.
- [ ] Koffer, Kisten und Taschen.
- [ ] Koffer, Taschen und Kästen.

Sonst schimpft Papa immer, wenn sie
so viel Kram mitnehmen wollen.
„Wir fahren doch keinen Lastwagen“,
sagt er dann.
Heute schimpft Papa nicht.
Im Gegenteil. „Wir haben ja
das neue Auto“, sagt er stolz.
„Da geht alles rein.“
Und so wächst der Haufen im Flur an.
Längst ist er größer als Tizian.
Aber Papa schimpft immer noch nicht.
Stück für Stück
verstaut er alles im Auto.

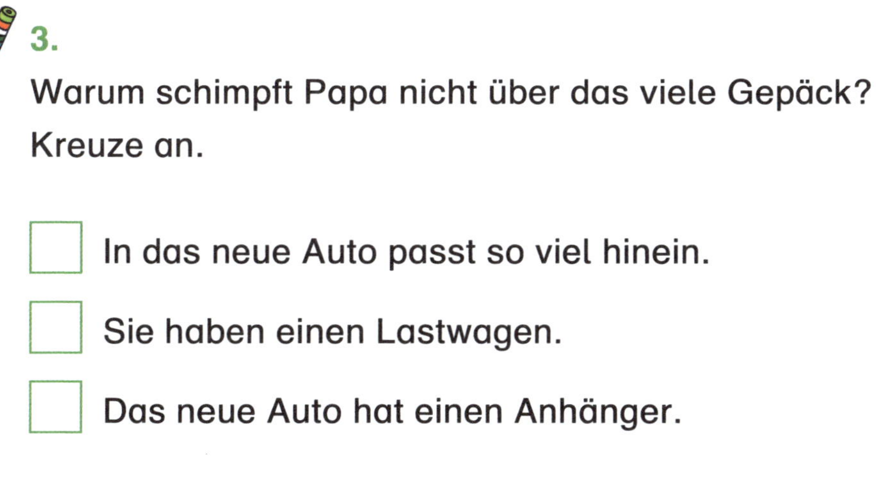

3.

Warum schimpft Papa nicht über das viele Gepäck?
Kreuze an.

☐ In das neue Auto passt so viel hinein.

☐ Sie haben einen Lastwagen.

☐ Das neue Auto hat einen Anhänger.

4.

Wer ist Tizian? Markiere.

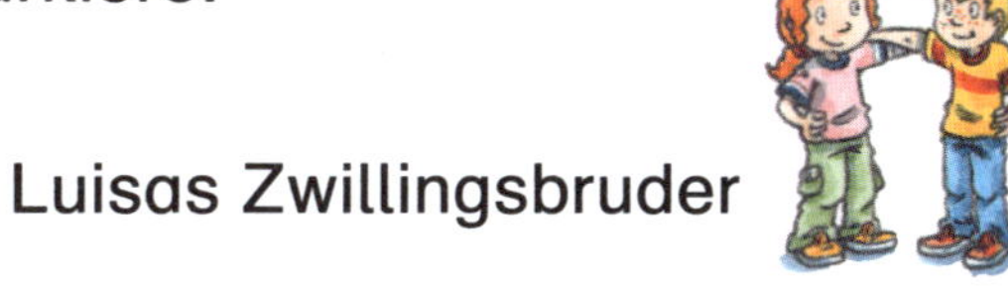

○ Luisas Zwillingsbruder

○ Luisas großer Bruder

○ Luisas kleiner Bruder

5.

Schau dir das Bild links genau an.
Was stimmt nicht? Streiche durch.

Papa trägt zwei Koffer.

Luisa hat einen grünen Reisesack.

Mama trägt einen Schlafsack.

Daniels Koffer ist blau.

Nur als Daniel auch noch
mit seinem Einrad ankommt
und Luisa mit ihrem Hasenkäfig,
da schüttelt er den Kopf.
„Nun reicht es aber“, sagt er,
„wir ziehen doch nicht um.
Wir verreisen nur.“
Daniel mault:
„Ich will im Urlaub
mit meinem Einrad fahren!“
„Wir haben doch
die Fahrräder dabei“, sagt Papa,
„da brauchst du kein Einrad.“

6.

Was ist ein Einrad? Kreuze an.

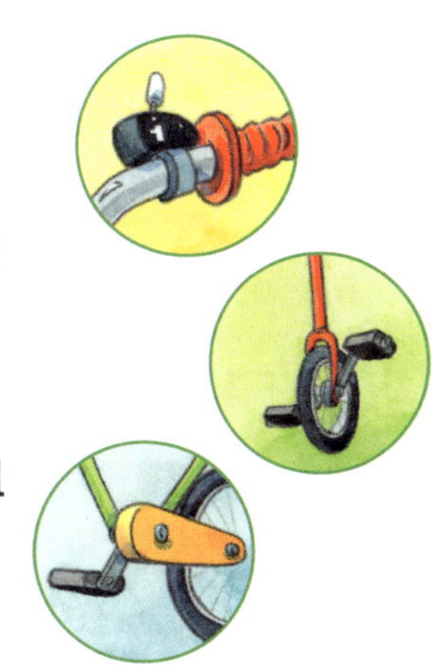

- ☐ ein Fahrzeug mit nur einem Gang
- ☐ ein Fahrzeug mit nur einem Rad
- ☐ ein Fahrzeug mit nur einem Pedal

7.

Womit kommt Luisa an? Trage ein.

mit ihrem ___ ___ ___ ___ ___ ___ ___ ___ ___ ___

8.

Kreise das richtige Verb ein.

In den Ferien vereist / verreist / verreißt man.

Ein Kritiker vereist / verreist / verreißt einen Film.

Die Fahrbahn ist vereist. / verreist. / verreißt.

„Aber ich brauche Frau Langohr“, sagt Luisa. „Außerdem will Frau Langohr auch Urlaub machen.“

„Deine Hasendame macht Urlaub bei Frau Rösler“, bestimmt Papa. Frau Rösler wohnt nebenan. Sie holt die Post aus dem Briefkasten und gießt die Blumen, während Luisas Familie unterwegs ist. Bestimmt sorgt sie auch gut für Frau Langohr.

9.

Was ist auf dem Bild links zu sehen? Kreuze an.

	ja	nein		ja	nein
Schlafsack	☐	☐	Koffer	☐	☐
Klappstuhl	☐	☐	Einrad	☐	☐
Angel	☐	☐	Hasenkäfig	☐	☐
Tennisschläger	☐	☐	Rucksack	☐	☐

10.

Was macht Frau Rösler, während Luisas Familie im Urlaub ist? Kreuze an.

- ☐ Sie holt die Blumen aus dem Briefkasten und gießt die Post.
- ☐ Sie holt die Post aus dem Briefkasten und pflückt die Blumen.
- ☐ Sie holt die Post aus dem Briefkasten und gießt die Blumen.

11.

Trenne die Wörter mit Strichen.

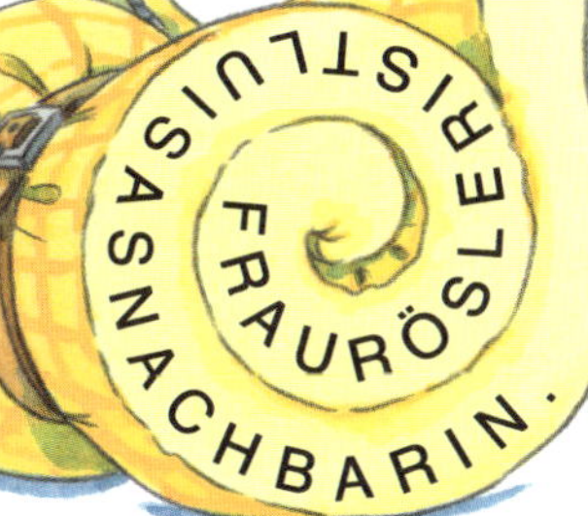

Aber Urlaub ohne Frau Langohr?
Bei diesem Gedanken spürt Luisa
gleich Tränen in ihren Augen.
Nein, ohne ihre Hasendame
mag sie nicht wegfahren!
Luisa schleicht sich hinaus
und schaut ins Auto.
Tatsächlich ist das ganze Gepäck
darin verschwunden.
Und dort, zwischen zwei Taschen,
ist sogar noch Platz.
Gerade genug für einen Hasenkäfig!

12.

Wo entdeckt Luisa noch Platz im Auto?
Kreise ein.

zwischen zwei Taschen

auf zwei Taschen

neben zwei Taschen

13.

Schau dir das Bild links genau an. Was hat welche Farbe?
Verbinde und male an.

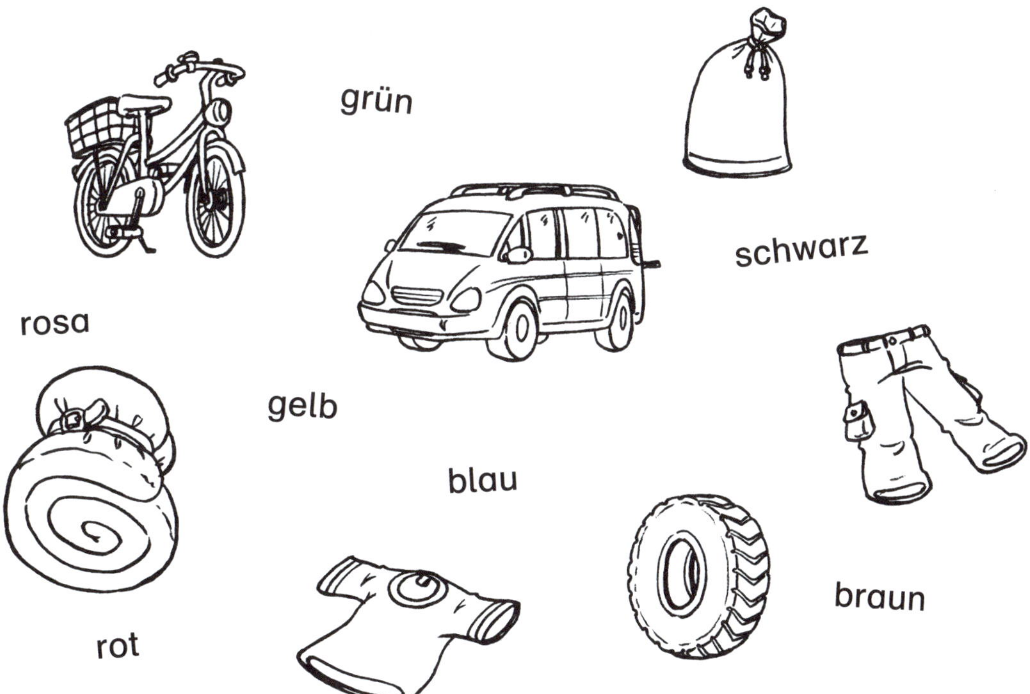

Schnell läuft Luisa in ihr Zimmer
und holt den Käfig.
Im Flur stößt sie mit Mama zusammen.
„Bringst du deinen Hasen
jetzt zu Frau Rösler?“, fragt Mama.
Luisa nickt. Sie wird auch nur
ein bisschen rot dabei.
Ein ganz winzig kleines bisschen.
Das merkt Mama gar nicht.
Der Käfig passt wirklich locker
zwischen die Taschen. Na bitte!
„Gute Reise, Frau Langohr“, flüstert Luisa.
Über den Käfig legt sie noch ihre Jacke.
Jetzt ist Frau Langohr gut versteckt.

14.

Warum wird Luisa rot? Kreuze an.

- [ ] Weil sie Reisefieber hat.
- [ ] Weil sie mit Mama zusammengestoßen ist.
- [ ] Weil sie schwindelt.

15.

Wie kann man nicht sagen?
Streiche durch.

Im Flur stößt Luisa mit Mama zusammen.

Luisa stößt im Flur mit Mama zusammen.

Zusammen Mama mit im Flur stößt Luisa.

Mit Mama stößt Luisa im Flur zusammen.

16.

In jedem Satz steht ein Wort zu viel. Streiche es durch.

Luisa läuft schnell in oben ihr Zimmer.

Sie gestern holt den Hasenkäfig.

Der Käfig passt locker zwischen groß die Taschen.

Jetzt ist Frau Langohr weg gut versteckt.

„Seid ihr alle fertig?“, ruft Mama.
Sie darf als Erste fahren.
Stolz setzt sie sich hinters Steuer.
Papa streckt neben ihr die Beine aus
und sagt: „Herrlich.
Jetzt fangen die Ferien an!“
Tizian hopst in seinen Kindersitz
und quietscht: „Juhu!“
Sogar Daniel hat nichts zu maulen.
„Los gehts“, sagt er
und hilft Tizian beim Anschnallen.

17.

Wer sagt was? Verbinde jede Sprechblase mit der richtigen Person.

18.

Schau dir das Bild genau an. Was stimmt? Kreuze an.

- ☐ Tizian sitzt hinter Mama.
- ☐ Luisa sitzt neben Papa.
- ☐ Daniel sitzt schräg gegenüber von Tizian.
- ☐ Die Kinder haben vier Stofftiere dabei.
- ☐ Auf dem Boden steht eine grüne Kühltasche.
- ☐ Hinter Tizians Sitz steht ein Koffer.

Nur Luisa ist vor Schreck verstummt.
Denn im hinteren Teil des Wagens
knuspert und raschelt es. Oje!
Frau Langohr ist zwar nicht zu sehen,
aber umso besser zu hören!
Was soll Luisa jetzt tun?
Wenn Papa und Mama merken,
dass Frau Langohr im Auto sitzt,
muss sie bestimmt sofort
wieder aussteigen!

19.

Wessen Gedanken werden im Text beschrieben?
Male das richtige Bild aus.

20.

Wovor hat Luisa Angst? Markiere.

- ◯ Die Eltern könnten Frau Langohr riechen.
- ◯ Die Eltern könnten Frau Langohr sehen.
- ◯ Die Eltern könnten Frau Langohr hören.

21.

Trage die fehlenden Wörter ein.

Wenn Papa und Mama ______________________,

dass Frau ______________________ im Auto sitzt,

muss sie ______________________ sofort

wieder ______________________!

Zum Glück sind alle noch
mit dem neuen Auto beschäftigt.
Keiner hat etwas mitbekommen.
Und gleich startet Mama den Motor,
dann wird es sowieso laut.
Mama dreht den Zündschlüssel.
Der Motor springt an. Aber nanu?
Der Motor vom neuen Auto ist
gar nicht laut. Der ist viel leiser
als beim alten Auto!
Da bleibt nur eins:
Luisa muss selber laut sein.

22.

Womit startet Mama den Motor? Markiere.

mit dem

- ◯ Züntschlüssel
- ◯ Zündschlüssel
- ◯ Zümdschlüssel
- ◯ Zündschüssel

23.

Warum bekommt niemand etwas von Frau Langohr mit? Kreuze an.

- ☐ Weil der Motor so laut ist.
- ☐ Weil alle mit dem neuen Auto beschäftigt sind.
- ☐ Weil die Lüftung gerade anspringt.

24.

Wie viele Wörter im Text haben genau vier Buchstaben? Kreise ein.

„Papa, Mama", quengelt sie los,
„ich hab Hunger!"
„Ich auch! Ich auch!",
fällt Tizian sofort mit ein.
„Jetzt schon?", wundert sich Mama.
„Wir sind doch gerade erst losgefahren."
„Aber ich will was naschen!", ruft Luisa.
„Quengelliese", knurrt Daniel.
Papa packt eine Tüte Gummibärchen aus.
„Teilt sie euch", sagt er.
Die Gummibärchentüte
knistert ganz wunderbar.
Viele Kilometer lang.
Dann ist sie leider leer.

25.

Wer macht was?
Verbinde jeden Namen mit der richtigen Tätigkeit.

Luisa	wundert sich.
Mama	knurrt.
Papa	quengelt los.
Daniel	fällt mit ein.
Tizian	packt Gummibärchen aus.

26.

Was bedeutet der Satz „Tizian fällt sofort mit ein.“?
Kreuze an.

- ☐ Tizian macht sofort mit.
- ☐ Tizian fällt auf Luisas Trick herein.
- ☐ Tizian fällt im gleichen Moment etwas ein.

27.

Wie nennt Daniel seine Schwester?
Male an.

Quengeliese

Qengelliese

Quengelliese

Quengleliese

Die Kinder haben
alle Gummibärchen aufgegessen.
Und als Luisa immer weiterknistert,
reißt Daniel ihr die Tüte aus der Hand.
„Luisa, du nervst!“, beschwert er sich.
„Gar nicht!“, ruft Luisa. „Gib mir
die Tüte zurück!“
Sie boxt Daniel in die Seite.
Daniel haut zurück.
„Huhuhu!“ Luisa tut so,
als würde sie losheulen.

28.

Bringe die Sätze in die richtige Reihenfolge.
Nummeriere von 1 bis 6.

- [ ] Daniel haut zurück.
- [ ] Daniel reißt ihr die Tüte aus der Hand.
- [ ] Luisa tut so, als würde sie losheulen.
- [ ] Die Kinder haben alle Gummibärchen aufgegessen.
- [ ] Luisa boxt Daniel in die Seite.
- [ ] Luisa knistert immer weiter.

29.

Welches Bild passt zu welchem Satz aus Rätsel 28?
Trage die entsprechende Ziffer ein.

„Ruhe dahinten!“, schimpft Mama.
„Worüber man sich so alles streiten kann …“ Papa schüttelt den Kopf. „Gib mir die Tüte, Daniel.“
Danach herrscht Frieden.
Aber zu leise darf der Frieden nicht werden. Sonst ist es vorbei mit Frau Langohrs Urlaubsreise.

30.

Was gehört zu wem? Verbinde mit dem richtigen Kind.
Male die Bilder aus.

31.

In welchem Satz stehen alle Wörter richtig?
Kreuze an.

- ☐ Sonst|istes|vorbei|mit|Frau|Langohrs|Urlaubsreise.
- ☐ Sonst|ist|es|vorbei|mit|FrauLangohrs|Urlaubs|reise.
- ☐ Sonst|ist|es|vorbei|mit|Frau|Langohrs|Urlaubsreise.

Deshalb sagt Luisa zu Tizian:
„Sing doch mal das Lied,
das du im Kindergarten gelernt hast."
„Bloß nicht!", mault Daniel.
Aber Tizian legt sofort los:
„Hänschen klein ging allein
in die weite Welt hinein ..."
Laut singt er. Sehr laut.
Und ziemlich falsch.
Daniel hält sich die Ohren zu.
Irgendwann hat Tizian aber
keine Lust mehr zu singen.

32.

Wie geht das Lied weiter? Kreuze an.

Hänschen klein ging allein in die weite Welt hinein …

- [ ] … armes Hänschen, bist du krank,
dass du nicht mehr hüpfen kannst?
- [ ] … Stock und Hut stehn ihm gut,
ist auch wohlgemut.
- [ ] … hat ein' Zettel im Schnabel,
von der Mutter ein' Gruß.

33.

Wie singt Tizian? Markiere.

- ◯ ziemlich laut und sehr falsch
- ◯ sehr laut und ziemlich schnell
- ◯ sehr laut und ziemlich falsch

34.

„Bloß nicht!“, mault Daniel.
Wodurch kann man „mault“ ersetzen? Kreise ein.

murrt mosert brüllt nörgelt meckert

Da muss sich Luisa
etwas Neues einfallen lassen.
Denn Frau Langohr ist immer noch
ziemlich munter in ihrem Käfig.
„Papa, wie findest du
das neue Auto?“, fragt Luisa.
Papa fängt sofort an zu schwärmen.
Wie schön und bequem das Auto ist.
Wie viel Platz es hat.
Wie leise es ist.
Ja, dass es leise ist, das hat Luisa
leider auch gemerkt.

35.

Wie ist Frau Langohr in ihrem Käfig? Trage ein.

ziemlich ___ ___ ___ ___ ___ ___

36.

Was lobt Papa besonders an dem neuen Auto?
Verbinde die richtigen Sätze mit dem Bild.

Es ist schön.

Es ist leise.

Es ist lang.

Es fährt schnell.

Es hat viel Platz.

Es ist bequem.

Es ist rot.

37.

Was bedeutet hier „schwärmen“? Kreuze an.

- [ ] von etwas begeistert reden
- [ ] von etwas schnell erzählen
- [ ] von etwas ununterbrochen reden

Aber dann muss Papa
auf die Straßenkarte gucken
und er hört auf zu reden.
Luisa plappert alleine weiter.
„Luisa, nun gib doch endlich mal
Ruhe“, stöhnt Mama.
Ach, Luisa würde ja gerne Ruhe geben!
So gerne! Sie ist selbst schon
ganz müde vom vielen Lärmen.
Aber was, wenn Frau Langohr
hinten in ihrem Käfig keine Ruhe gibt?

38.

In jedem Satz steht ein Wort an der falschen Stelle. Kreise es ein und kennzeichne die richtige Stelle mit einem Pfeil.

Aber dann Papa muss auf die Straßenkarte gucken.

Papa hört zu auf reden.

Luisa weiter plappert alleine.

Luisa ja würde gerne Ruhe geben.

Aber Frau Langohr gibt Ruhe in ihrem keine Käfig.

39.

Was ist richtig? Markiere.

Luisa ist
- ◯ ganz müde vom vielen Plappern.
- ◯ ganz müde vom vielen Lärmen.
- ◯ ganz genervt vom vielen Lärmen.

Doch dann hat Luisa eine Idee.
Eine großartige Idee, wie sie
still sein und trotzdem
Frau Langohr übertönen kann.
„Ich möchte so gern die CD
mit den Kinderliedern hören“, sagt sie.
„Kinderlieder hören! Kinderlieder hören!“,
stimmt Tizian begeistert zu.
„Aber nur, wenn du dann endlich
den Mund hältst“, knurrt Daniel.
Luisa verspricht hoch und heilig,
mucksmäuschenstill zu sein.

40.

Bringe Luisas Versuche, Lärm zu machen, in die richtige Reihenfolge. Nummeriere.

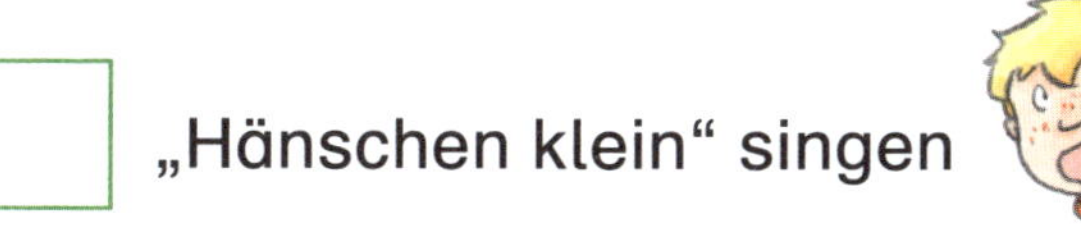

☐ „Hänschen klein“ singen

☐ mit Daniel streiten

☐ Kinderlieder-CD hören

☐ Gummibärchen naschen

☐ Papa zum Auto befragen

41.

Luisa verspricht, wie zu sein? Unterstreiche.

mucksmäuchenstill

muckmäuschenstill

muksmäuschenstill

mucksmäuschenstill

mucksmeuschenstill

Inzwischen sind sie auf der Autobahn.
Papa legt die CD ein.
Das erste Lied ertönt.
Sonst ist es still.
Daniel schaut aus dem Fenster
und zählt leise die Lastwagen,
an denen sie vorüberfahren.
Tizian schiebt den Daumen in den Mund.
Luisa lehnt sich zurück und schließt
die Augen. Sie ist völlig erschöpft.
Endlich kann sie auch ausruhen!

42.

Trage die fehlenden Wörter ein.

Daniel ______________________ aus dem Fenster

und zählt leise die Lastwagen,

an denen sie ______________________.

Tizian ______________________ den Daumen in den Mund.

Luisa ______________________ sich zurück

und ______________________ die Augen.

43.

Welche Wörter kommen im Text links nicht vor?
Streiche durch.

Mund

Straße

Fenster

Kofferraum

Lied

Autobahn

Augen

Daumen

Ohren

Radio

Zeigefinger

CD

Das erste Lied ist zu Ende.
Bevor das nächste Lied ertönt,
ist einen Moment lang Pause.
Stille. Völlige Stille.
Und in diese kurze Stille hinein
niest Frau Langohr.
„Was war das?“, fragt Papa scharf
und dreht die Musik aus.
Frau Langohr raschelt.

44.

Was macht Frau Langohr zwischen zwei Liedern?
Unterstreiche.

Sie niest. Sie hustet. Sie knuspert.

45.

Wann verrät Frau Langohr sich? Kreuze an.

- ☐ vor dem ersten Lied
- ☐ zwischen dem ersten und dem zweiten Lied
- ☐ zwischen dem zweiten und dem dritten Lied

46.

Wie kann man nicht sagen?
Streiche durch.

	ertönt.
Das nächste Lied	erklingt.
	erscheint.

„Jetzt ist alles vorbei“, denkt Luisa. Die Tränen schießen ihr in die Augen. Ihre ganze Mühe war umsonst. Jetzt werden sie umkehren und die arme Frau Langohr nach Hause zurückbringen. Warum ist sie nur auf diese dumme Idee mit den Kinderliedern gekommen! Schon setzt Mama den Blinker und fährt langsamer. Gleich wird sie von der Autobahn herunterfahren.

47.

In jede Zeile hat sich ein Fehler eingeschlichen.
Kreise ihn ein.

Die Tränen schließen ihr in die Augen.

Ihre ganzen Mühe war umsonst.

Jetzt werden sie abkehren.

Sie werden Frau Langohr nach Hause zurückfahren.

48.

Schau dir das Bild links genau an.
Welche Wörter passen zu welcher Person?
Verbinde.

49.

Was setzt Mama? Trage ein.

den ___ ___ ___ ___ ___ ___ ___

Doch was ist das?
Das ist keine Ausfahrt.
Es ist ein Rastplatz.
Mama lässt den Wagen
auf den Rastplatz rollen,
dann hält sie an.
„Mittagspause!“, ruft sie.
„Die haben wir uns
nach der langen Fahrt alle verdient.
Und unser blinder Passagier
bekommt Löwenzahn.“

50.

Setze die Wörter richtig zusammen.
Schreibe auf.

Rast | pause | Mittags | platz
Löwen | fahrt | zahn | Aus

____________________ ____________________

____________________ ____________________

51.

Was ist ein blinder Passagier?
Kreuze an.

- ☐ ein Reisender, der nichts sieht
- ☐ ein Reisender ohne Fensterplatz
- ☐ jemand, der versteckt und unerlaubt mitreist

Luisa schaut Papa ängstlich an.
Was der nun für ein Gesicht macht?
Doch Papa lacht nur.
„Jetzt sind wir schon
so weit gefahren“, sagt er,
„da möchte ich wirklich nicht mehr
umkehren. Und deine Hasendame
will bestimmt auch mal
die Nordsee kennenlernen, oder?“,
meint er und zwinkert Luisa zu.

52.

Schau dir das Bild links genau an.
Was stimmt? Kreuze an.

- [ ] Daniel setzt sich an den Tisch.
- [ ] Die Kühltasche steht auf dem Tisch.
- [ ] Tizian füttert zwei Vögel.
- [ ] Mama trägt den Hasenkäfig.
- [ ] Tizian hat seine Giraffe in der Hand.
- [ ] Luisa und Papa sitzen nebeneinander.

53.

Was stimmt nicht? Streiche durch.

Papa will nicht mehr umkehren,

weil sie schon so weit gefahren sind.

weil sie sonst so viel Benzin verbrauchen.

weil Frau Langohr bestimmt auch mal die Nordsee kennenlernen will.

54.

Wie oft kommt der Name von Luisas Hasen in der ganzen Geschichte vor? Kreise ein.

Lösungen

1.

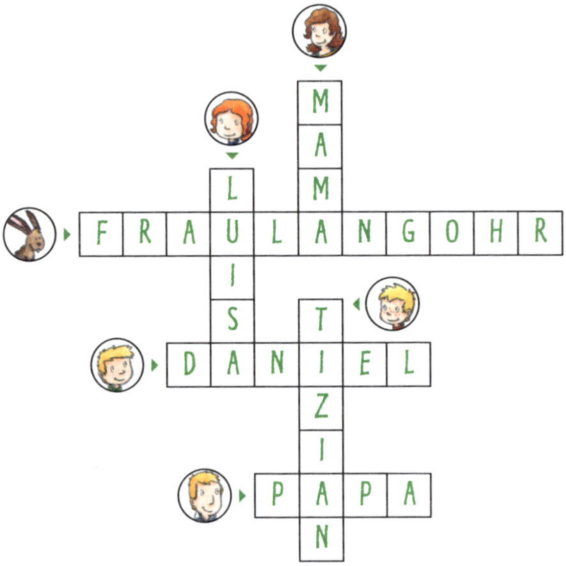

					M					
					A					
			L		M					
F	R	A	U	L	A	N	G	O	H	R
			I							
			S		T					
		D	A	N	I	E	L			
					Z					
					I					
				P	A	P	A			
					N					

2.

- [ ] Koffer, Taschen und Säcke.
- [X] Koffer, Kisten und Taschen.
- [ ] Koffer, Taschen und Kästen.

3.

- [X] In das neue Auto passt so viel hinein.
- [ ] Sie haben einen Lastwagen.
- [ ] Das neue Auto hat einen Anhänger.

4.

- ○ Luisas Zwillingsbruder
- ○ Luisas großer Bruder
- ✓ Luisas kleiner Bruder

5.

Papa trägt ~~zwei~~ Koffer.

Luisa hat einen ~~grünen~~ Reisesack.

Mama trägt einen Schlafsack.

Daniels Koffer ist blau.

6.

- [ ] ein Fahrzeug mit nur einem Gang
- [x] ein Fahrzeug mit nur einem Rad
- [ ] ein Fahrzeug mit nur einem Pedal

7.

H A S E N K Ä F I G

8.

In den Ferien vereist / **verreist** / verreißt man.

Ein Kritiker vereist / verreist / **verreißt** einen Film.

Die Fahrbahn ist **vereist.** / verreist. / verreißt.

9.

	ja	nein		ja	nein
Schlafsack	[x]	[ ]	Koffer	[x]	[ ]
Klappstuhl	[ ]	[x]	Einrad	[x]	[ ]
Angel	[x]	[ ]	Hasenkäfig	[x]	[ ]
Tennisschläger	[ ]	[x]	Rucksack	[ ]	[x]

10.

- [ ] Sie holt die Blumen aus dem Briefkasten und gießt die Post.
- [ ] Sie holt die Post aus dem Briefkasten und pflückt die Blumen.
- [x] Sie holt die Post aus dem Briefkasten und gießt die Blumen.

11.

FRAU RÖSLER IST LISAS NACHBARIN.

SIE SOLL SICH UM FRAU LANGOHR KÜMMERN.

12.

zwischen zwei Taschen

auf zwei Taschen

neben zwei Taschen

13.

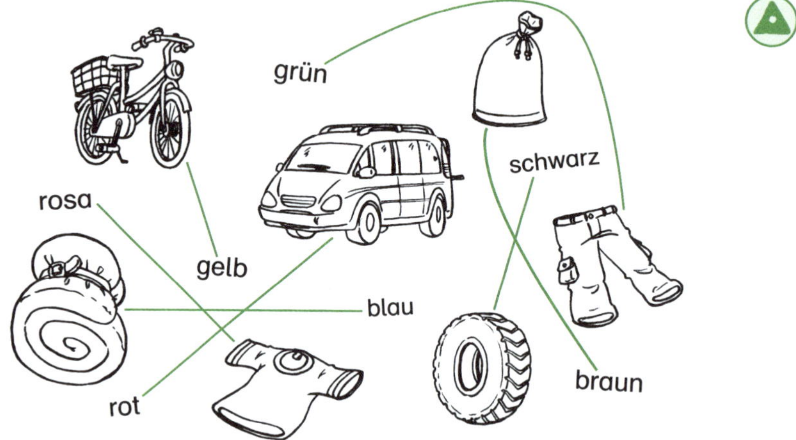

Es gibt auch einen gelben und einen grünen Schlafsack.

14.

- [ ] Weil sie Reisefieber hat.
- [ ] Weil sie mit Mama zusammengestoßen ist.
- [x] Weil sie schwindelt.

15.

Im Flur stößt Luisa mit Mama zusammen.

Luisa stößt im Flur mit Mama zusammen.

~~Zusammen Mama mit im Flur stößt Luisa.~~

Mit Mama stößt Luisa im Flur zusammen.

16.

Luisa läuft schnell in ~~oben~~ ihr Zimmer.
Sie ~~gestern~~ holt den Hasenkäfig.
Der Käfig passt locker zwischen ~~groß~~ die Taschen.
Jetzt ist Frau Langohr ~~weg~~ gut versteckt.

17.

18.

- [X] Tizian sitzt hinter Mama.
- [ ] Luisa sitzt neben Papa.
- [X] Daniel sitzt schräg gegenüber von Tizian.
- [X] Die Kinder haben vier Stofftiere dabei.
- [ ] Auf dem Boden steht eine grüne Kühltasche.
- [X] Hinter Tizians Sitz steht ein Koffer.

19.

Dieses Bild solltest du ausgemalt haben:

20.

○ Die Eltern könnten Frau Langohr riechen.
○ Die Eltern könnten Frau Langohr sehen.
✓ Die Eltern könnten Frau Langohr hören.

21.

Wenn Papa und Mama merken, dass Frau Langohr im Auto sitzt, muss sie bestimmt sofort wieder aussteigen!

22.

○ Züntschlüssel	✓ Zündschlüssel
○ Zümdschlüssel	○ Zündschüssel

Lösungen

23.

- [ ] Weil der Motor so laut ist.
- [x] Weil alle mit dem neuen Auto beschäftigt sind.
- [ ] Weil die Lüftung gerade anspringt.

24.

11 15 **(20)**

25.

Luisa	quengelt los.
Mama	wundert sich.
Papa	packt Gummibärchen aus.
Daniel	knurrt.
Tizian	fällt mit ein.

26.

- [x] Tizian macht sofort mit.
- [ ] Tizian fällt auf Luisas Trick herein.
- [ ] Tizian fällt im gleichen Moment etwas ein.

27.

Qengelliese **Quengelliese** Quengeliese Quengleliese

28.

5	Daniel haut zurück.
3	Daniel reißt ihr die Tüte aus der Hand.
6	Luisa tu so, als würde sie losheulen.
1	Die Kinder haben alle Gummibärchen aufgegessen.
4	Luisa boxt Daniel in die Seite.
2	Luisa knistert immer weiter.

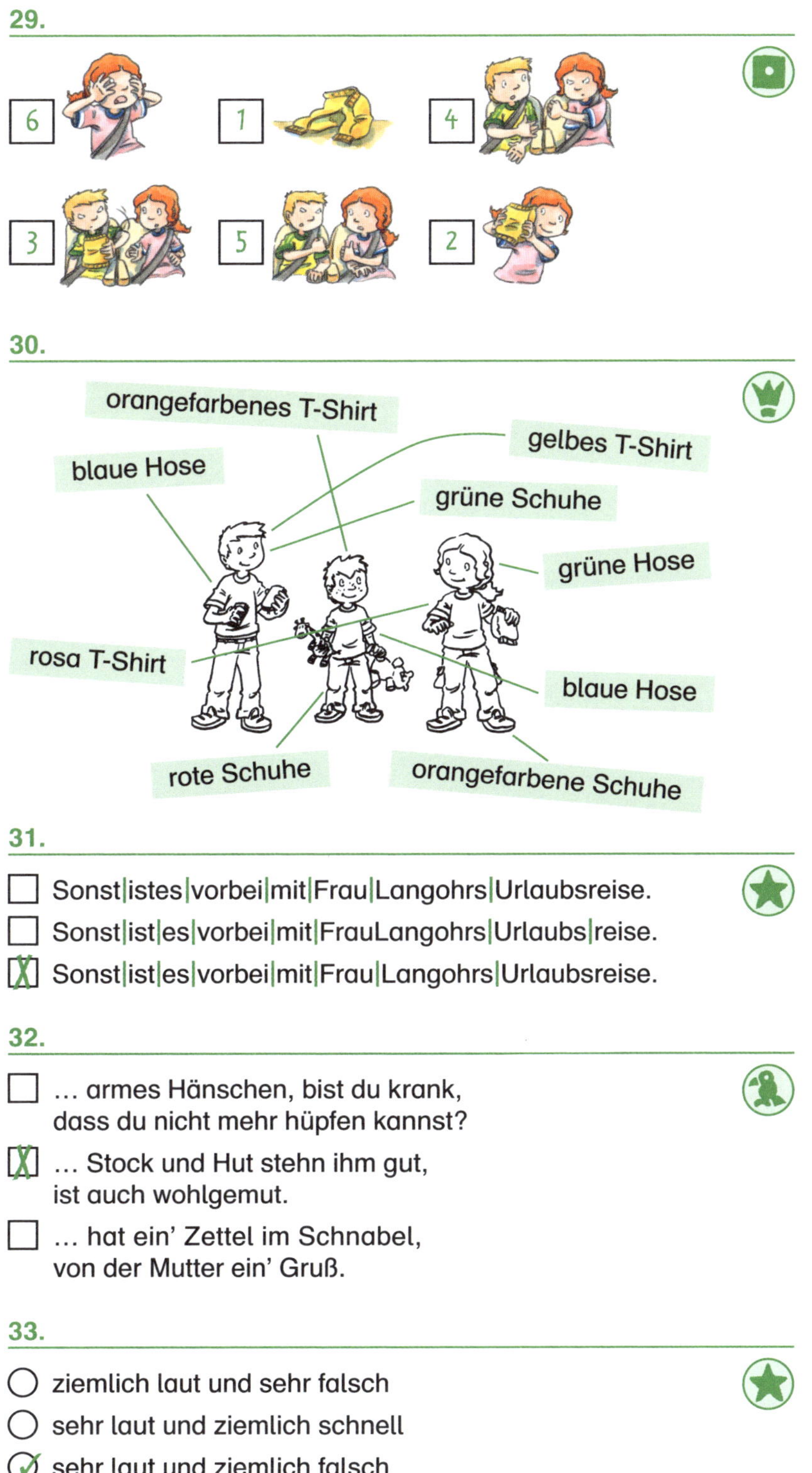

29.

30.

31.

☐ Sonst|istes|vorbei|mit|Frau|Langohrs|Urlaubsreise.
☐ Sonst|ist|es|vorbei|mit|FrauLangohrs|Urlaubs|reise.
☒ Sonst|ist|es|vorbei|mit|Frau|Langohrs|Urlaubsreise.

32.

☐ … armes Hänschen, bist du krank,
dass du nicht mehr hüpfen kannst?

☒ … Stock und Hut stehn ihm gut,
ist auch wohlgemut.

☐ … hat ein' Zettel im Schnabel,
von der Mutter ein' Gruß.

33.

○ ziemlich laut und sehr falsch
○ sehr laut und ziemlich schnell
✓ sehr laut und ziemlich falsch

34.

murrt mosert brüllt nörgelt meckert

35.

m u n t e r

36.

Es ist schön.
Es ist leise.
Es ist lang.
Es fährt schnell. 
Es hat viel Platz.
Es ist bequem.
Es ist rot.

37.

- [x] von etwas begeistert reden
- [ ] von etwas schnell erzählen
- [ ] von etwas ununterbrochen reden

38.

Aber dann Papa muss auf die Straßenkarte gucken.

Papa hört zu auf reden.

Luisa weiter plappert alleine.

Luisa ja würde gerne Ruhe geben.

Aber Frau Langohr gibt Ruhe in ihrem keine Käfig.

39.

- ◯ ganz müde vom vielen Plappern.
- ✓ ganz müde vom vielen Lärmen.
- ◯ ganz genervt vom vielen Lärmen.

40.

3	„Hänschen klein“ singen	2	mit Daniel streiten
5	Kinderlieder-CD hören	1	Gummibärchen naschen
4	Papa zum Auto befragen		

41.

mucksmäuchenstill

muckmäuschenstill

mucksmäuschenstill

muksmäuschenstill

mucksmeuschenstill

42.

Daniel schaut aus dem Fenster und zählt leise die Lastwagen, an denen sie vorüberfahren. Tizian schiebt den Daumen in den Mund. Luisa lehnt sich zurück und schließt die Augen.

43.

Mund — ~~Straße~~ — Fenster — ~~Kofferraum~~ — Lied — Autobahn — Daumen — Augen — ~~Ohren~~ — ~~Zeigefinger~~ — CD — ~~Radio~~

44.

Sie niest. Sie hustet. Sie knuspert.

45.

- [ ] vor dem ersten Lied
- [x] zwischen dem ersten und dem zweiten Lied
- [ ] zwischen dem zweiten und dem dritten Lied

46.

Das nächste Lied ertönt. / erklingt. / ~~erscheint.~~

47.

Die Tränen sch(l)ießen ihr in die Augen.
Ihre ganze(n) Mühe war umsonst.
Jetzt werden sie (ab)kehren.
Sie werden Frau Langohr nach Hause zurück(fahren).

48.

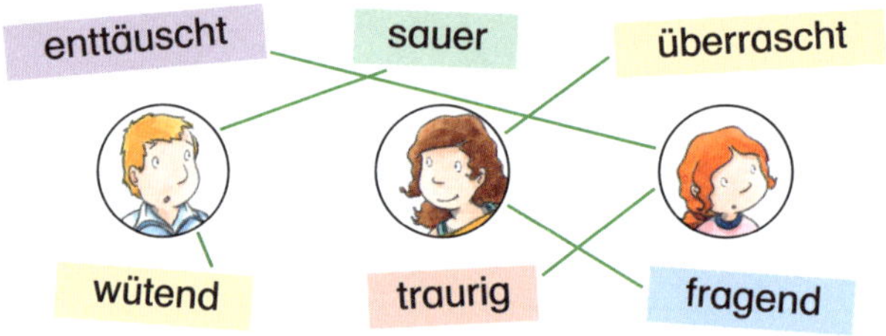

enttäuscht — sauer — überrascht

wütend — traurig — fragend

49.

B l i n k e r

50.

Rast — pause — Mittags — platz
Löwen — fahrt — zahn — Aus

Rastplatz — Mittagspause
Löwenzahn — Ausfahrt

51.

- [ ] ein Reisender, der nichts sieht
- [ ] ein Reisender ohne Fensterplatz
- [x] jemand, der versteckt und unerlaubt mitreist

52.

- [X] Daniel setzt sich an den Tisch.
- [ ] Die Kühltasche steht auf dem Tisch.
- [X] Tizian füttert zwei Vögel.
- [ ] Mama trägt den Hasenkäfig.
- [X] Tizian hat seine Giraffe in der Hand.
- [X] Luisa und Papa sitzen nebeneinander.

53.

weil sie schon so weit gefahren sind.

weil sie sonst so viel Benzin verbrauchen.

weil Frau Langohr bestimmt auch mal die Nordsee kennenlernen will.

54.

Svenja will ein Junge sein

Svenja steht im Bad
und wäscht sich die Haare.
Svenja hasst es,
sich die Haare zu waschen.
Papa und Niklas sitzen am Computer
und spielen Autorennen.
Svenja liebt es,
am Computer
Autorennen zu spielen.

1.

Was gehört zusammen? Verbinde.

Svenja hasst es,	am Computer zu spielen.
Svenja liebt es,	sich die Haare zu waschen.

2.

Schau dir das Bild links genau an.
Was gibt es in Svenjas Bad? Kreise ein.

Zahnbürste

Waschlappen

Mülleimer

Spiegel

Föhn

Klopapier

Handtuch

Wäschetonne

Wecker

3.

Was stimmt? Kreuze an.

- ☐ Svenjas Unterhemd ist blau.
- ☐ Am Haken hängt ein gelbes Handtuch.
- ☐ Der Föhn hat dieselbe Farbe wie die Wäschetonne.
- ☐ Svenja steht auf einem grünen Schemel.

„Ich bin schneller als du!“,
ruft Papa. „Guck mal,
wie mein Auto in die Kurve düst!“
„Dich krieg ich doch locker!“,
antwortet Niklas.
Er drückt wie verrückt auf die Tasten.

4.

Wie heißen die Sätze richtig? Markiere.

fahre
„Ich schneller als du!“
bin

düst
„Guck mal, wie mein Auto in die Kurve !“
rast

locker
„Dich krieg ich doch !“
leicht

wahnsinnig
Er drückt wie auf die Tasten.
verrückt

5.

Schau dir das Bild links genau an.
Was stimmt nicht? Streiche durch.

Papa trägt ein grünes T-Shirt.

Niklas hat eine blaue Hose an.

Niklas sitzt rechts von Papa.

Papas Stuhl hat eine Lehne.

Niklas trägt ein orangefarbenes T-Shirt.

Svenja rubbelt sich die Haare
mit dem Handtuch trocken.
Sie würde so gerne
bei Papa und Niklas mitspielen.
Aber Mama will ihr gleich noch
einen schönen Zopf flechten.
Für ihre Geburtstagsparty.
Heute feiert Svenja nämlich Geburtstag.

6.

Was kann man flechten?
Unterstreiche.

Lineal

Kranz

Korb

Pinsel

Zopf

7.

Schreibe die fehlenden Wörter in die Lücken.

Svenja rubbelt sich die ______________________ trocken.

Sie würde so ______________________ bei Papa und Niklas mitspielen.

Aber Mama will ihr gleich noch einen schönen

______________________ flechten.

Heute ______________________ Svenja nämlich Geburtstag.

8.

Welches Wort und welches Bild passen zu Svenjas Gefühlen?
Kreise ein.

fröhlich

grimmig

traurig

„Ich hab gewonnen!“,
hört sie Niklas jubeln.
„Los, Papa, noch einmal!“
„Jungen haben es viel besser
als Mädchen“, denkt Svenja finster.
„Die müssen sich nicht fein machen.
Die müssen sich keinen Zopf
flechten lassen.
Die kriegen tolle Sachen geschenkt
und dürfen immer am Computer spielen.“

9.

Überprüfe, was im Text steht. Kreuze an.

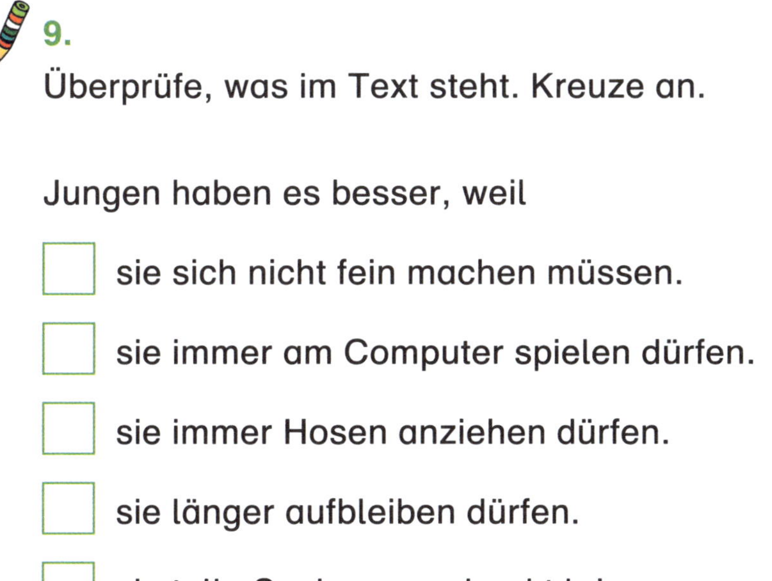

Jungen haben es besser, weil

- ☐ sie sich nicht fein machen müssen.
- ☐ sie immer am Computer spielen dürfen.
- ☐ sie immer Hosen anziehen dürfen.
- ☐ sie länger aufbleiben dürfen.
- ☐ sie tolle Sachen geschenkt kriegen.

10.

Trenne die Wörter mit Strichen.

11.

Was reimt sich nicht? Streiche durch.

kriegen fliegen legen siegen biegen

haben graben traben loben schaben

Auf der Ablage vor dem Spiegel
liegt die Schere.
Svenja schaut die Schere an.
Sie schaut ihre Haare an.
Plötzlich wandert die Schere
fast wie von selbst in ihre Hand
und fängt an zu schneiden.
Bald liegen lauter dunkle Haarbüschel
um Svenja herum.
Und auf ihrem Kopf
sieht es ziemlich struppig aus.
Aber kurz.
Genau richtig für einen Jungen.

12.

Was stimmt? Kreise ein.

Auf der Ablage vor dem Spiegel liegt eine
- Zange.
- Zahnbürste.
- Schere.

Svenja schaut ihre
- Haare
- Augen
- Hände

an.

Die Schere wandert wie von selbst in ihre
- Hosentasche.
- Hand.
- Finger.

13.

Warum schneidet Svenja ihre Haare ab?
Kreuze an.

- [ ] Lange Haare sind ihr zu kompliziert.
- [ ] Sie will ihre Eltern ärgern.
- [ ] Sie will ein Junge sein.

„He, das ist unfair!“,
beschwert sich Papa gerade.
„Du hast mich abgedrängt!“
Das weiß Svenja doch schon lange,
dass Niklas unfair ist!
Sie schleicht sich in ihr Zimmer.

14.

Wer tut was? Verbinde.

Svenja	beschwert sich.
Niklas	schleicht ins Zimmer.
Papa	ist unfair.

15.

Was bedeutet „unfair“? Kreise ein.

unfreundlich

ungerecht

unheimlich

16.

Wie geht Svenja in ihr Zimmer? Markiere.

- ◯ mit leisen Schritten
- ◯ mit großen Schritten
- ◯ mit schnellen Schritten

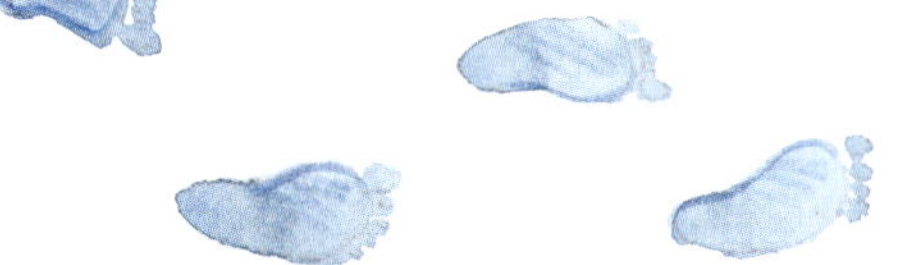

Obwohl draußen die Sonne
vom Himmel brennt,
kramt sie ihre olle schwarze Hose
aus dem Schrank.
Die vom letzten Winter,
bei der die Knie
schon fast durchgescheuert sind.
Niklas schaut um die Ecke.
„Was hast du denn
mit deinem Kopf gemacht?“,
brüllt er los.

17.

Was stimmt? Kreuze an.

Svenjas alte Hose ist

- ☐ druchgescheuert.
- ☐ durchgescheuert.
- ☐ durchgescheurert.

18.

In welcher Jahreszeit hat Svenja Geburtstag?
Kreise ein.

im Frühling | im Sommer | im Herbst | im Winter

19.

Welche Wörter kommen im Text links nicht vor?
Streiche durch.

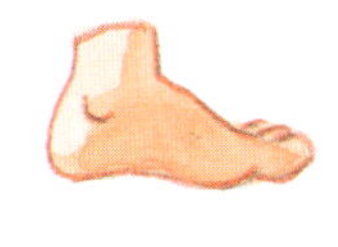

Er brüllt so laut,
dass Mama und Papa angerannt kommen.
Sie denken, Svenja ist etwas passiert.
„Deine schönen langen Haare!“,
ruft Mama entsetzt.
„Ich brauche keine langen Haare mehr“,
erklärt Svenja.
Mit einem Stift streicht sie
die letzten beiden Buchstaben auf
dem Namensschild an ihrer Tür durch.
„Ab heute bin ich ein Junge.“

20.

Warum kommen Svenjas Eltern angerannt?
Kreuze an.

- ☐ Sie haben Svenjas Kopf gesehen.
- ☐ Niklas hat sie gerufen.
- ☐ Niklas hat so laut gebrüllt.

21.

Wie kann man noch sagen? Verbinde.

Göre   Knabe   Mädel

Junge   Mädchen

Bursche   Girl   Bub

22.

Mache aus den Mädchennamen Jungennamen.
Streiche die überzähligen Buchstaben durch.

Paula   Antonia   Stefanie   Karla

Emilia   Leonie   Franziska

Franka

Um drei Uhr
fängt Svenjas Geburtstagsparty an.
Sieben Mädchen hat sie eingeladen.
Und Tilmann.
Weil Tilmann der netteste Junge
aus ihrer Klasse ist.
„Deine Haare sehen irgendwie
so komisch aus“, meint Tilmann.
„Und deine Hose auch“, sagt Marie.
Marie hat ein rosa Kleid
mit lauter Rüschen an.
So was hätte Svenja
nicht mal als Mädchen
angezogen!

23.

Um wie viel Uhr fängt Svenjas Geburtstagsfeier an? Zeichne den großen und den kleinen Zeiger ein.

24.

Wie viele Mädchen hat Svenja eingeladen? Rechne aus und markiere.

25.

Was trägt Marie? Kreuze an.

- ☐ ein rosa Kleid mit blauen Rüschen
- ☐ ein rotes Kleid mit lauter Rüschen
- ☐ ein rosa Kleid mit lauter Rüschen
- ☐ ein rosa Kleid mit lauter Röschen

Svenja zeigt auf das Namensschild
an ihrer Tür.
„Ich heiße Sven“, sagt sie.
„Ich bin ein Junge.“
Alle Kinder singen:
„Happy birthday, lieber Sven!“
Danach stürzen sie sich auf den Kuchen
und trinken Limonade.

26.

Wie reagieren die Kinder darauf, dass Svenja ein Junge ist? Unterstreiche.

Es stört sie nicht.

Sie finden das total doof.

Sie lachen Svenja aus.

27.

In welcher Sprache singen die Kinder? Kreuze an.

28.

Beantworte die Fragen.

Wie viele Kinder haben einen oder zwei Zöpfe? ☐

Wie viele Kinder tragen eine Brille? ☐

Wie viele Kinder schließen beim Singen die Augen? ☐

Und dann macht Papa mit ihnen Spiele.
Topfschlagen und Brezelschnappen
und Eierlaufen.
Beim Topfschlagen schummelt Niklas.
Er linst unter seiner Augenbinde hervor.
Beim Eierlaufen schubst er Svenja
mit dem Ellbogen zur Seite.
Und beim Brezelschnappen
gewinnt er sowieso.
Weil er der Größte unter den Kindern ist.

29.

Welche Spiele werden gespielt? Verbinde.

Topf	laufen
Eier	schnappen
Brezel	schlagen

30.

Durch welches Wort kann man das farbige Wort ersetzen? Male an.

Niklas schummelt beim Topfschlagen. mogelt lügt

Er linst unter seiner Augenbinde hervor. starrt blinzelt

Er schubst Svenja mit dem Ellbogen zur Seite. zieht drängt

31.

Warum gewinnt Niklas beim Brezelschnappen? Kreise ein.

geschickter

Er ist schneller als die anderen Kinder.

größer

„Du bist so was von gemein!“, schreit Svenja.
„Jedes Spiel musst du verderben!“
„Das ist doch alles Babykram“, meckert Niklas. „Ich will sowieso lieber Fußball spielen.
Wer spielt mit?“
Dabei schaut er Tilmann an.
„Ich!“, ruft Marie in ihrem rosa Rüschenkleid sofort.
„Ich auch!“, ruft Svenja schnell.
Niklas schaut immer noch Tilmann an.

32.

Was stimmt? Kreise ein.

Svenja findet, Niklas ist ein

Spielverderber. Angeber. Vordrängler.

33.

Wer spielt beim Fußball mit?
Schreibe auf.

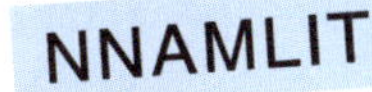

AJNEVS NNAMLIT

SALKIN EIRAM

___

34.

Wie viele Silben haben die Wörter? Trage ein.

Rüschenkleid ☐

Babykram ☐

verderben ☐

sowieso ☐

„Meine Schuhe sind neu“,
murmelt der.
„Die dürfen nicht dreckig werden.“
„Komisch“, denkt Svenja.
„Tilmann hat doch die Schuhe an,
die er immer anhat …“
Niklas macht ein enttäuschtes Gesicht.
„Also gut“, murrt er. „Svenja und Marie
spielen zusammen gegen mich.
Sonst ist es ungerecht.“

35.

Warum spricht Tilmann von seinen Schuhen?
Kreuze an.

	ja	nein
Er hat wirklich Angst, dass seine Schuhe dreckig werden.	☐	☐
Er will sich deshalb alte Schuhe von Niklas leihen.	☐	☐
Er will überhaupt nicht Fußball spielen und sucht eine Ausrede.	☐	☐

36.

Wer spielt gegen wen? Markiere.

- ◯ Marie gegen Svenja und Niklas
- ◯ Niklas und Tilmann gegen Svenja und Marie
- ◯ Niklas gegen Svenja und Marie

37.

Wer macht was?
Verbinde.

Niklas　　Tilmann

murmelt.　　murrt.

Weil die anderen alle
keine Lust auf Fußball haben,
gehen sie zu dritt in den Garten.
Zwischen der kleinen Tanne
und dem Apfelbaum ist das Tor.
Marie schnappt sich sofort den Ball.
Sie dribbelt Niklas aus
und schießt den Ball haargenau
zwischen den beiden Bäumen hindurch.
„Tooor!“, jubelt Svenja.

38.

Wer schießt das erste Tor? Schreibe auf.

______________________________ schießt das erste Tor.

39.

Wo ist das Tor? Kreuze an.

- ☐ zwischen einer Hecke und einer Tanne
- ☐ zwischen einer Tanne und einem Apfelbaum
- ☐ zwischen einem Apfelbaum und einer Fichte

40.

Bringe die Sätze in die richtige Reihenfolge.
Nummeriere von 1 bis 5.

- ☐ Sie schießt den Ball haargenau zwischen den beiden Bäumen hindurch.
- ☐ Sie gehen zu dritt in den Garten.
- ☐ Alle anderen haben keine Lust auf Fußball.
- ☐ „Tooor!“, jubelt Svenja.
- ☐ Marie schnappt sich sofort den Ball.

„Das gilt nicht“,
behauptet Niklas. „Wir haben ja
noch gar nicht richtig angefangen.
Erst muss ich das Spiel anpfeifen.“
Er pfeift und spurtet im selben Moment
mit dem Ball los.
„Das gilt auch nicht!“,
will Svenja rufen.
Aber das ist überhaupt nicht nötig.
Denn Marie hält locker mit Niklas mit.
Sie spitzelt ihm den Ball vom Fuß
und schießt das zweite Tor.

41.

In jedem Satz steht ein Wort zu viel.
Streiche es durch.

„Das gilt nicht“, ist behauptet Niklas.

Er pfeift Tor und spurtet mit dem Ball los.

Marie hält aus locker mit Niklas mit.

Sie schießt Ball das zweite Tor.

42.

Was stimmt, was stimmt nicht?
Kreuze an.

	stimmt	stimmt nicht
Niklas will das erste Tor nicht anerkennen.	☐	☐
Niklas legt den Ball in die Mitte und pfeift.	☐	☐
Marie spielt nicht schlechter Fußball als Niklas.	☐	☐
Marie nimmt Niklas den Ball ab.	☐	☐
Svenja schießt das zweite Tor.	☐	☐

„Wir machen es anders“,
keucht Niklas.
„Marie und ich gegen Svenja.“
Das ist ja nun wirklich ungerecht!
Aber Svenja sagt lieber nichts.
Als Junge darf sie sich beim Fußball
nicht beklagen. Auch wenn ihr
in der ollen Winterhose
einfach oberaffenheiß ist.
Und die Hose sich anfühlt,
als sei sie tausend Kilo schwer.

43.

Welche Wörter findest du?
Markiere und schreibe auf.

B	T	A	U	S	E	N	D
K	U	K	M	A	R	I	E
I	Z	J	L	E	W	K	A
L	F	U	ß	B	A	L	L
O	R	N	T	M	B	A	S
M	A	G	E	H	O	S	E
S	V	E	N	J	A	K	C

______________________ ______________________

______________________ ______________________

______________________ ______________________

______________________ ______________________

44.

Wie fühlt sich Svenja in ihrer Hose? Kreise ein.

Ihr ist

oberafenheiß.

oberaffeheiß.

oberaffenheiß.

Kein Wunder, dass Svenja
das Spiel 2 : 15 verliert.
Nach dem Spiel ist Maries Kleid
nicht mehr rosa.
Und Svenjas Hose hat endgültig
ein Loch im Knie.
„Ihr zieht jetzt erst einmal
saubere Sachen an“, bestimmt Mama.

45.

Wie geht das Spiel zu Ende? Kreuze an.

- [ ] Svenja hat 15 Tore geschossen, die anderen 2.
- [ ] Die anderen haben 15 Tore geschossen, Svenja 2.
- [ ] Svenja gewinnt mit 13 Toren Vorsprung.

46.

Schau dir das Bild links genau ein. Kreise ein.

An welchem Knie hat Svenjas Hose ein Loch?

am rechten   an beiden   am linken

Welchen Arm hat Niklas um Marie gelegt?

gar keinen   den rechten   den linken

Welchen Arm reckt Marie in die Höhe?

den linken   gar keinen   den rechten

Jetzt ist Svenja doch froh,
dass sie ihr Sommerkleid
mit den blauen Punkten anziehen kann.
Auch wenn sie eigentlich ein Junge ist.
In dem Kleid ist es so schön kühl!
Der großen Marie
passen nur die Sachen von Niklas.
Deshalb kriegt sie sein Trikot.
Genau das Richtige
für ein Fußballass wie Marie.

47.

Welche Kleidungsstücke gehören zu welchem Mädchen?
Verbinde.

Svenja

Marie

48.

Kreise oben alle Kleidungsstücke ein,
die Marie und Svenja nach dem Spiel neu anziehen.

49.

Wie wird Marie im Text genannt? Trage ein.

Marie ist ein ___ ___ ___ ___ ___ ___ ___ ___ ___ ___ .

Im Wohnzimmer sitzen
die anderen Kinder
um ein riesengroßes Plakat herum.
Sie malen Pferde
mit Svenjas neuem Malkasten.
Tilmann malt auch Pferde.
Svenja guckt schnell zu Niklas.
Bestimmt wird er gleich
über Tilmann lästern.
Aber Niklas lästert nicht.
Er fragt bloß: „Wer will
Autorennen am Computer spielen?“

50.

Welche Satzhälften gehören zusammen? Verbinde.

Im Wohnzimmer sitzen die Kinder

auch Pferde.

zu Niklas.

Svenja guckt schnell

um ein riesengroßes Plakat herum.

Bestimmt wird er gleich

Sie malen Pferde

über Tilmann lästern.

Tilmann malt

mit Svenjas neuem Malkasten.

51.

Was bedeutet „lästern“? Markiere.

- ◯ jemanden belästigen
- ◯ jemanden auslachen
- ◯ abfällig über jemanden reden

52.

Mit welcher Hand malt Tilmann? Kreuze an.

☐ mit der linken ☐ mit der rechten

„Ich!“,
schreien alle.
Am lautesten schreit Svenja.
„Du darfst zuerst“, sagt Niklas zu ihr.
„Weil du heute Geburtstag hast.“
Seit er haushoch im Fußball
gewonnen hat, ist er super gelaunt.
„Das ist eine tolle Party, Svenja“,
schwärmt Marie.
„Sie heißt doch Sven“, sagt Niklas.
„Und ist ein Junge.“

53.

Wer sagt was?

Verbinde jede Sprechblase mit der richtigen Person.

54.

Bringe die Wörter in die richtige Reihenfolge.

Nummeriere von 1 bis 11.

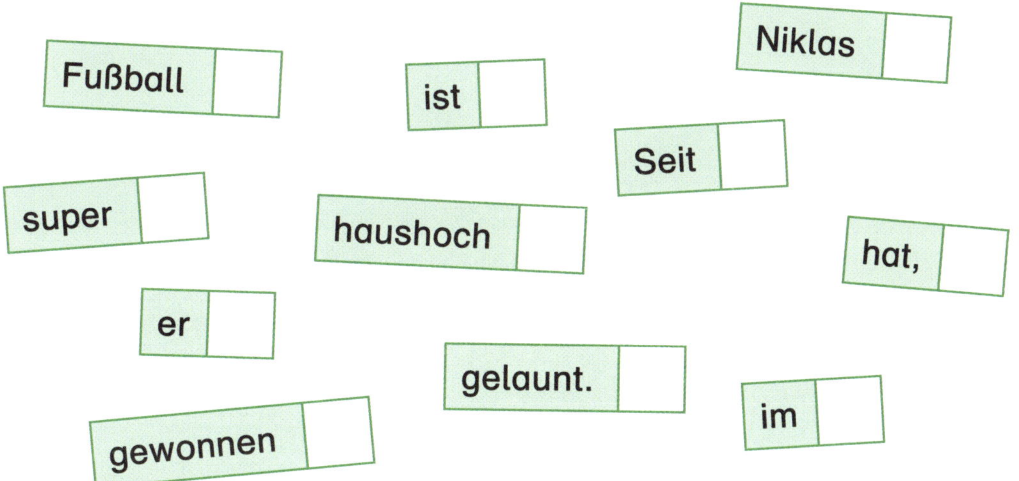

Svenja zögert.
Will sie wirklich Sven bleiben?
So ganz blöd findet sie es ja
nun auch nicht, ein Mädchen zu sein.
Schon wegen des Sommerkleids.
Außerdem spielt Marie Fußball.
Und Tilmann malt Pferde.
Und alle spielen Autorennen.
Ganz egal, ob sie
Junge oder Mädchen sind.
Deshalb könnte Svenja eigentlich
auch wieder richtig Svenja sein.

55.

Male die Kärtchen, die zu einem Wort gehören, mit derselben Farbe an.

ren

Au | Pfer | kleid

Fuß | ge | Mäd | Som | de

chen | mer | nen | ball | Jun | to

56.

Ordne die Wörter aus dem 55. Rätsel nach dem Alphabet.

A B C

1 ______________________________

2 ______________________________

3 ______________________________

4 ______________________________

5 ______________________________

6 ______________________________

57.

Wie oft kommt der Name „Sven“ in der gesamten Geschichte vor? Schreibe die Zahl auf das T-Shirt.

Lösungen

1.

Svenja hasst es,	am Computer zu spielen.
Svenja liebt es,	sich die Haare zu waschen.

(Lines cross: Svenja hasst es, – sich die Haare zu waschen. / Svenja liebt es, – am Computer zu spielen.)

2.

(Zahnbürste) Waschlappen Mülleimer (Spiegel) (Föhn) Wecker (Klopapier) (Handtuch) (Wäschetonne)

3.

- [x] Svenjas Unterhemd ist blau.
- [ ] Am Haken hängt ein gelbes Handtuch.
- [x] Der Föhn hat dieselbe Farbe wie die Wäschetonne.
- [ ] Svenja steht auf einem grünen Schemel.

4.

„Ich fahre / (bin) schneller als du!“

„Guck mal, wie mein Auto in die Kurve (düst) / rast!“

„Dich krieg ich doch (locker) / leicht!“

Er drückt wie wahnsinnig / (verrückt) auf die Tasten.

5.

~~Papa trägt ein grünes T-Shirt.~~

Niklas hat eine blaue Hose an.

~~Niklas sitzt rechts von Papa.~~

Papas Stuhl hat eine Lehne.

Niklas trägt ein orangefarbenes T-Shirt.

6.

Lineal Kranz Korb Pinsel Zopf

7.

Svenja rubbelt sich die Haare trocken.
Sie würde so gerne bei Papa und Niklas mitspielen.
Aber Mama will ihr gleich noch einen schönen Zopf flechten.
Heute feiert Svenja nämlich Geburtstag.

8.

fröhlich grimmig traurig

9.

- [x] sie sich nicht fein machen müssen.
- [x] sie immer am Computer spielen dürfen.
- [ ] sie immer Hosen anziehen dürfen.
- [ ] sie länger aufbleiben dürfen.
- [x] sie tolle Sachen geschenkt kriegen.

10.

SVENJA|WÄRE|AM|LIEBSTEN|AUCH|EIN|JUNGE.

11.

kriegen fliegen ~~legen~~ siegen biegen

haben graben traben ~~loben~~ schaben

Lösungen

12.

Auf der Ablage vor dem Spiegel liegt eine Zange. / Zahnbürste. / **(Schere)**.

Svenja schaut ihre **(Haare)** / Augen / Hände an.

Die Schere wandert wie von selbst in ihre Hosentasche. / **(Hand)**. / Finger.

13.

- [ ] Lange Haare sind ihr zu kompliziert.
- [ ] Sie will ihre Eltern ärgern.
- [x] Sie will ein Junge sein.

14.

Svenja	schleicht ins Zimmer.
Niklas	ist unfair.
Papa	beschwert sich.

15.

unfreundlich

(ungerecht)

unheimlich

16.

- ✓ mit leisen Schritten
- ○ mit großen Schritten
- ○ mit schnellen Schritten

17.

- [ ] druchgescheuert.
- [x] durchgescheuert.
- [ ] durchgescheurert.

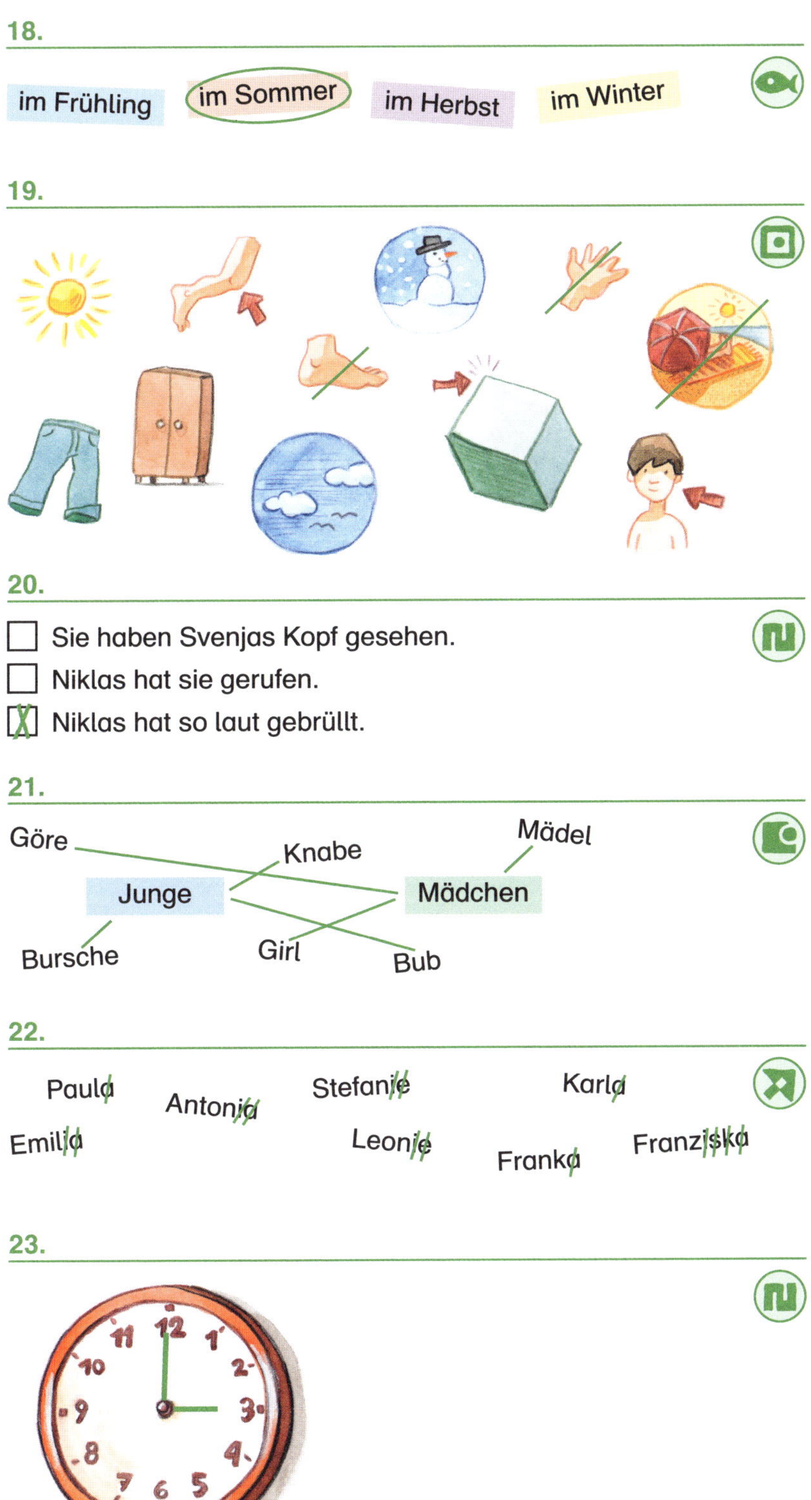
18.
im Frühling
im Sommer
im Herbst
im Winter
19.
20.
Sie haben Svenjas Kopf gesehen.
Niklas hat sie gerufen.
Niklas hat so laut gebrüllt.
21.
Göre
Knabe
Mädel
Junge
Mädchen
Bursche
Girl
Bub
22.
Paula
Antonia
Stefanie
Karla
Emilia
Leonie
Franka
Franziska
23.
12
1
2
3
4
5
6
7
8
9
10
11

Lösungen

24.

81 – 73 | 21 : 3 (eingekreist) | 30 : 5

SUSI

25.

- [ ] ein rosa Kleid mit blauen Rüschen
- [ ] ein rotes Kleid mit lauter Rüschen
- [x] ein rosa Kleid mit lauter Rüschen
- [ ] ein rosa Kleid mit lauter Röschen

26.

Sie finden das total doof. Es stört sie nicht. (unterstrichen) Sie lachen Svenja aus.

27.

[x] [ ] [ ]

28.

Wie viele Kinder haben einen oder zwei Zöpfe? 3

Wie viele Kinder tragen eine Brille? 1

Wie viele Kinder schließen beim Singen die Augen? 3

29.

Topf – schlagen

Eier – laufen

Brezel – schnappen

30.

Niklas schummelt beim Topfschlagen. mogelt

Er linst unter seiner Augenbinde hervor. blinzelt

Er schubst Svenja mit dem Ellbogen zur Seite. drängt

31.

Er ist geschickter / schneller / (größer) als die anderen Kinder.

32.

(Spielverderber.) Angeber. Vordrängler.

33.

Svenja, Marie, Niklas

34.

Rü schen kleid 3

Ba by kram 3

ver der ben 3

so wie so 3

35.

ja	nein
☐	☒
☐	☒
☒	☐

36.

- ◯ Marie gegen Svenja und Niklas
- ◯ Niklas und Tilmann gegen Svenja und Marie
- ✓ Niklas gegen Svenja und Marie

Lösungen

37.

Niklas — Tilmann

murmelt. — murrt.

(Niklas murrt. Tilmann murmelt.)

38.

Marie schießt das erste Tor.

39.

- [ ] zwischen einer Hecke und einer Tanne
- [x] zwischen einer Tanne und einem Apfelbaum
- [ ] zwischen einem Apfelbaum und einer Fichte

40.

4 Sie schießt den Ball haargenau zwischen den beiden Bäumen hindurch.

2 Sie gehen zu dritt in den Garten.

1 Alle anderen haben keine Lust auf Fußball.

5 „Tooor!“, jubelt Svenja.

3 Marie schnappt sich sofort den Ball.

41.

„Das gilt nicht“, ~~ist~~ behauptet Niklas.

Er pfeift ~~Tor~~ und spurtet mit dem Ball los.

Marie hält ~~aus~~ locker mit Niklas mit.

Sie schießt ~~Ball~~ das zweite Tor.

42.

stimmt	stimmt nicht
[x]	[ ]
[ ]	[x]
[x]	[ ]
[x]	[ ]
[ ]	[x]

43.

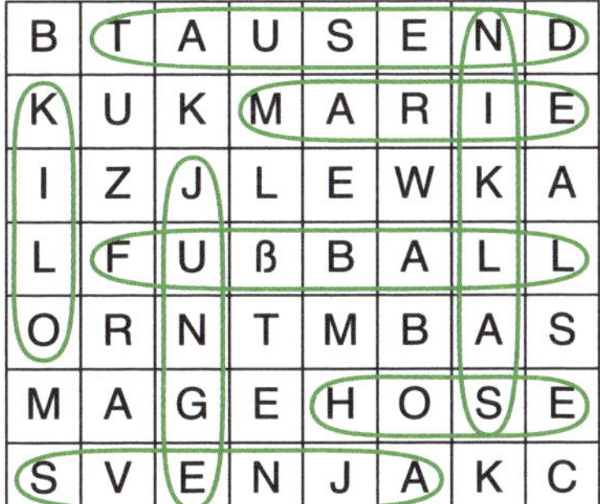

B	T	A	U	S	E	N	D
K	U	K	M	A	R	I	E
I	Z	J	L	E	W	K	A
L	F	U	ß	B	A	L	L
O	R	N	T	M	B	A	S
M	A	G	E	H	O	S	E
S	V	E	N	J	A	K	C

tausend, Marie, Fußball, Hose, Svenja, Kilo, Junge, Niklas

44.

Ihr ist oberafenheiß. oberaffeheiß. oberaffenheiß.

45.

- [ ] Svenja hat 15 Tore geschossen, die anderen 2.
- [x] Die anderen haben 15 Tore geschossen, Svenja 2.
- [ ] Svenja gewinnt mit 13 Toren Vorsprung.

46.

am linken am rechten an beiden

gar keinen den linken den rechten

den linken den rechten gar keinen

47 und 48.

47:

48:

Svenja

Marie

Lösungen

49.

Marie ist ein F u ß b a l l a s s.

50.

Im Wohnzimmer sitzen die Kinder

auch Pferde.

zu Niklas.

Svenja guckt schnell

um ein riesengroßes Plakat herum.

Sie malen Pferde

Bestimmt wird er gleich

über Tilmann lästern.

Tilmann malt

mit Svenjas neuem Malkasten.

51.

- ◯ jemanden belästigen
- ◯ jemanden auslachen
- ✓ abfällig über jemanden reden

52.

- [x] mit der linken
- [ ] mit der rechten

53.

Ich!

Du darfst zuerst.

Sie heißt doch Sven.

Das ist eine tolle Party.

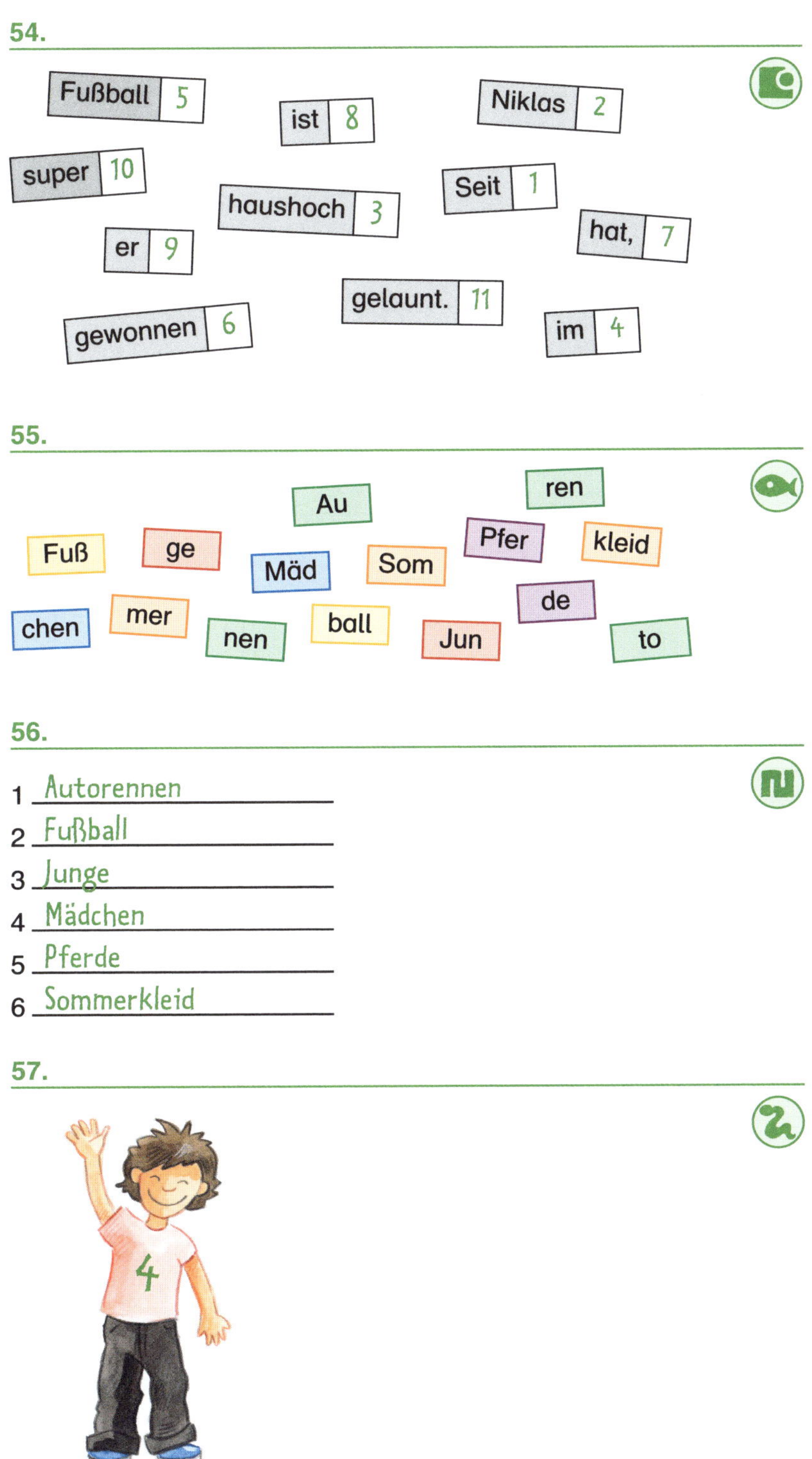

54.

Fußball 5
ist 8
Niklas 2
super 10
haushoch 3
Seit 1
hat, 7
er 9
gelaunt. 11
gewonnen 6
im 4

55.

Au
ren
Pfer
kleid
Fuß
ge
Mäd
Som
de
chen
mer
nen
ball
Jun
to

56.

1 Autorennen
2 Fußball
3 Junge
4 Mädchen
5 Pferde
6 Sommerkleid

57.

Leseprofi von Duden –

1. Klasse

Jeweils 48 Seiten, gebunden.

Beste Freundinnen
ISBN 978-3-7373-3492-1

Ferien auf der Blaubeerinsel
ISBN 978-3-7373-3472-3

Eine Mumie geht zur Schule
ISBN 978-3-7373-3447-1

Ein Bär reißt aus
ISBN 978-3-7373-3644-4

Die geheimnisvolle Schatzkarte
ISBN 978-3-7373-3218-7

Das Geheimnis der Dracheninsel
ISBN 978-3-7373-3490-7

von Anfang an richtig

Jeweils 64 Seiten, gebunden.

Diamantenklau im Hafen
ISBN 978-3-7373-3471-6

Eine Gruselnacht im Zelt
ISBN 978-3-7373-3442-6

Die Bienenretter
ISBN 978-3-7373-3475-4

BMX und sonst nix!
ISBN 978-3-7373-3374-0

Ein Schultag im alten Rom
ISBN 978-3-7373-3467-9

Meerschweinchenvampir
ISBN 978-3-7373-3416-7

Alle Duden Leseprofis finden Sie unter
www.duden-leseprofi.de

Weitere Informationen zum Kinder- und Jugendbuchprogramm von Fischer Sauerländer auf www.fischer-sauerlaender.de

2. Auflage 2024

Erschienen bei Fischer Sauerländer

Fachberatung: Ulrike Holzwarth-Raether
Leserätsel: Eva Günkinger
Layout und Satz: Michelle Vollmer, Mainz
Umschlaglayout: Mischa Acker, Brühl
Druck und Bindung: Druckerei Dimograf Sp. z o.o.
Printed in Poland
ISBN 978-3-7373-3637-6